La Señorita Mi

APULEYO EDICIONES   FOMENTO DE VALORES   CUENTOS ILUSTRADOS

A mi sobrina Manuela,
mi fuente de inspiración,
la verdadera Srta. Mí,
algún día le explicaré que…
la afortunada soy yo por tenerla en mi vida.

Este libro contiene un secreto muy secretoso, si
lo quieres descubrir, sigue leyendo y descubre
el poder que lleva dentro.

Si crees que tienes un don…, sigue leyendo.

Si crees que no lo tienes, sigue leyendo…, que, cuando acabes este cuento, sabrás que tu don habilidoso había estado siempre dentro de ti.

¡Hola! Me llamo Manuela pero puedes llamarme "Mí". El porqué de este nombre… te lo cuento si sigues leyendo.

De pequeña, mi mamá me decía que tenía muchos pajaritos en la cabeza y yo me ponía triste porque pensaba que ella también los veía, pero no era así. Aunque revoloteaban a mi alrededor, al parecer, solo yo, y más gente como yo, podían verlos, pero para la mayoría de los adultos eran invisibles.

En el cole se reían de mí porque mi creatividad les parecía demasiado insultante, no entendían mi arte, ni mi forma de mirar la vida, ni mis preguntas, ni mi comportamiento, todo lo que hacía y decía les parecía mal. Algunas veces se burlaban de mí tirándome el bocadillo, otras veces me ponían zancadillas y hasta chicles me pegaban en la silla.

Yo era feliz con mis pajaritos y no entendía qué era lo que de verdad les molestaba.

JA JA JA
JA
JA JA JA
JA

Siempre supe que yo no era como las demás, pero a mí no me importaba, aunque a los demás parece que sí.

Llegar a un lugar por diferente camino o hacer las cosas diferentes a como lo hacen los demás, no significa que esté mal. Pero, por lo visto, en un libro estaba escrito que tenía que hacer todo tal cual los demás lo hacían y para mí era aburrido, a veces difícil y otras, demasiado fácil. ¿Qué más les da a los adultos cómo haga las cosas, siempre y cuando las haga? Para mí, los adultos sí que son gente extraña…

Como no sabían cómo definirme, me llamaban rara, especial o diferente. ¡Con lo fácil que hubiera sido llamarme por mi nombre!, como a las demás. ¿Pero si todos tenemos el mismo cuerpo, dónde estaba la diferencia? ¿En mi cabeza o en las suyas?

Me hago preguntas constantemente a las que nadie sabe responderme. Yo me veía igual que el resto de niñas y niños, pero tanto ellos como los adultos seguían inventando palabras raras para definirme. ¡Con lo bonito que es mi nombre!

Nadie veía los pajaritos que me rondaban pero a mí me hacían feliz y a veces me cantaban bonito cuando el ruido del mundo se volvía insoportable. En esos momentos pensaba: "Qué pena de esa gente que no podían aislarse como yo con mis pajaritos". Era mi herramienta de protección.

Tanto me repitieron lo mismo una y otra vez que me creí aquello de que "ser diferente, rara o especial era algo malo". Y entonces perdí la sonrisa, la alegría y hasta las ganas de bailar.

Me llevaron a muchos médicos que decían cosas muy raras que yo no entendía. Y mi familia ponía caras raras, de esas que ponen los mayores cuando no saben qué decir y se quedan muy tristes, sin darse cuenta que en mi mundo yo era súper feliz.

Los pájaros de mi cabeza también se pusieron tristes y las cosas en el cole no parecían mejorar, aunque yo lo veía todo igual.

El mejor día de mi vida fue cuando entró en mi cole una seño nueva. La vi aparecer por la puerta como con viento alrededor y un claro resplandor, supe de inmediato que era como yo, porque la gente como yo tenemos un brillo deslumbrante que pocos ven.

Era una adulta diferente. La vi aparecer como en las películas donde se ve a la persona caminar a cámara lenta. Y me fijé en su sonrisa, era diferente, fresca y divertida.

Creo que alguien le habló de mí porque no me quitaba ojo las primeras semanas de su entrada en el cole.

Un día, me dijo que quería hablar conmigo y yo me asusté porque creía que iba a reñirme por algo que no había hecho. A veces, los mayores hacen cosas raras que yo tampoco entiendo.

Ese día me preguntó si me había comido el bocadillo y le dije que sí, aunque no era verdad, porque el "grupito de siempre" me lo había quitado y tirado en el patio.

Me miró fijamente y me hizo otra pregunta.

—¿Qué te ha pasado en las rodillas?

—¡Nada! —le dije—. Tropecé con una silla.

Tampoco era verdad… Cada vez que salgo al patio, el "grupito de siempre" me pone zancadillas.

—No me creo nada de lo que me estás diciendo —dijo la seño.

Y yo no supe qué decir…

—Llevo semanas observándote y sé perfectamente lo que está ocurriendo —dijo de nuevo con un tono mucho más suave—. Yo de pequeña era como tú.

—¿Ah, sí? También tenías pajaritos en la cabeza —le pregunté.

—Muchos, y hasta un amigo invisible —respondió la seño.

Los pájaros de mi cabeza se alborotaron y cantaron más fuerte que nunca. Estaban muy contentos.

—¿Y qué pasó?

—Que planté cara a todo aquel que no los veía. No iba a permitir que nadie me arrebatara mi alegría simplemente por hacer las cosas diferentes a como se supone que debemos hacerlas.

—¿Y eso cómo se hace? —pregunté de nuevo.

—Practicando cada día. Me miraba al espejo y me repetía: **"Soy la mejor versión de mí. Hoy todo va a salirme genial. Nada ni nadie cambiará mi sonrisa. Si el mundo gira, yo me pido la mejor vista"**.

—¡Haaaala!…

—No creas todo lo que dicen por ahí. Ser diferente, rara o especial no es nada malo. Cuando la gente no sabe cómo definirte, se inventan cualquier palabra. ¿Te imaginas que todos fuéramos iguales? ¡Qué aburrido sería este mundo!

»Quiero que te aprendas esta frase y te la repitas cada día hasta que tú y el mundo se las crea: **"Soy la mejor versión de mí. Hoy todo va a salirme genial. Nada ni nadie cambiará mi sonrisa. Si el mundo gira, yo me pido la mejor vista".**

»Cada persona se enfrenta a la vida de manera distinta, tú tienes tus pajaritos, yo tenía a mi amigo invisible y si preguntamos a alguien más… otra cosa diferente seguro nos contará, ¿verdad?

»Así que, deja de querer ser como los demás, aprende y respeta a quien te rodea y sal a la calle, a la escuela o a donde quieras, pensando que eres un regalo para el mundo y no permitas que nadie se burle de aquello que no ve, como tus pajaritos, solo porque en las cabezas de los demás no hay hueco para nada más. Todos tenemos una inseguridad y un poder que nos hace únicos y especiales, desde el cariño, nunca desde la burla, el odio ni el rencor.

—¡Gracias, seño! Creo que nunca me he sentido tan segura de mí misma. Cuando todo el mundo quiere cambiarte, casi consiguen apagarte, pero, a partir de ahora, voy a brillar tanto que seré deslumbrante.

—Y a quien le moleste tu brillo, que se aparte del camino. Nunca dejes de hacer algo importante para ti por agradar a los demás.

—Ahora comprendo que ser diferente, rara o especial no tiene nada de malo. Es como ser el arcoíris en un día gris. Yo llevo los colores que tiñen de color la oscuridad. El arcoíris gusta a todo el mundo. Siempre ves el principio pero nunca el final, de paz, alegría y seguridad.

¿Verdad que tú ahora me amas un poquito más? Si, tú, quien está leyendo este cuento.

Pues cuenta 1, 2, 3 y vuelve a empezar. Pero antes, sonríe, baila y abraza bien fuerte a quien te está leyendo este cuento, para recordarle que todos somos un regalo para alguien. Tú para mí y yo para ti.

P.D.: ¡Que no se me ha olvidado! Que ahora te cuento por qué me llaman Mí.

Cuando era pequeñita, tan pequeñita que aún no sabía casi ni hablar, lo único que se me entendía era "mí", porque todo era mío, pero… como aún no sabía decirlo, todo aquello que llegaba a mis manos era "mí", es decir, mío…

A mis padres, abuelos y, sobre todo, a mi tía, les hizo tanta gracia que en casa me llamaban cariñosamente como "La Señorita Mí", me costaba compartir y hasta que aprendí que la vida era mucho más divertida compartiendo, me pasé mis primeros años diciendo tan solo que todo era "mí". Al final, acabaron entendiéndome y por más que me explicaban "se dice mío", a pesar de que cada vez hablaba más y más claro, seguía diciendo que todo era "mí". Y así es como nació "La Señorita Mí". Los niños tenemos la habilidad de hacernos entender sin palabras y eso lo supe desde muuuy pequeña… ¿Y tú qué anécdota tienes sobre tu nombre? Si aún no te la han contado, es buen momento para preguntar a tu familia.

**Recibe un enorme beso y un fuerte abrazo de
"La Señorita Mí" y nunca, nunca, nunca, dejes de brillar.
Tu encanto es ser siempre tú misma.**

APULEYO
EDICIONES

Rachel Borreguero

APULEYO EDICIONES   FOMENTO DE VALORES   CUENTOS ILUSTRADOS